Kein Essen in den Müll!

Dr. Peter Wöllauer

KEIN ESSEN IN DEN MÜLL!

Kampf der Lebensmittelverschwendung

Bibliografische Information der Deutschen Nationalbibliothek
Die Deutsche Nationalbibliothek verzeichnet diese Publikation in der
Deutschen Nationalbibliografie; detaillierte bibliografische Daten sind
im Internet über http://dnb.d-nb.de abrufbar.

Umschlagentwurf: Peter Wöllauer
Herstellung und Verlag: Books on Demand GmbH, Norderstedt

ISBN 978-3-8448-0635-9

Inhalt

Vorwort

Persönlich habe ich nie den Mangel erlebt, der darin mündet, dass sich Kinder mit bohrendem Hunger ins Bett legen und deshalb nachts nicht schlafen können. Mir wurde aber Respekt vor Lebensmitteln beigebracht. Traditionell gibt es in unserer Kultur diesen Respekt, der daraus geboren ist, dass es für die meisten Menschen durch die Jahrhunderte nie selbstverständlich war, ihr Essen aus Überfluss auszuwählen oder auch nur jeden Tag satt zu werden. Geboren 1952 bin ich mit Erzählungen meiner Eltern groß geworden, die in der Mangelzeit des Kriegsendes und kurz danach hungrige Teenager waren, die nur selten ihren übergroßen Appetit stillen konnten, die von köstlichem Speck bei Verwandten auf dem Land und von einem halben Meter Apfelstrudel geschwärmt haben. „Mit Essen spielt man nicht"; lautete in meiner Kindheit die Ermahnung, wenn ich begann mit Dammbauten in Kartoffelpüree und Soßenkanälen erste hydrologische Entdeckungen zu machen. Ich erinnere mich noch an meinen Religionslehrer in der Grundschule, der mit vor Empörung zitternder Stimme ein Erlebnis von einer Englandreise berichtete: „Die haben den Schinken, der aus dem Sandwich herausragte einfach abgeschnitten und weggeworfen!!!"

In unseren Märchen und Sagen spiegelt sich ebenfalls ein tiefer Respekt vor Nahrungsmitteln und eine große Sehnsucht danach, sich satt zu essen. Die Salzburger Sage von der übergossenen Alm führt einen großen Gletscher darauf zurück, dass die Sennerinnen auf der sehr fruchtbaren Alm mit Butter und Käse Schindluder trieben, indem sie damit Wege pflasterten und in Milch badeten, die sie danach wegschütteten. Als Strafe dafür und dass sie hungrige Wanderer zornig fortwiesen, wurde die Alm in einem gewaltigen Unwetter mit Eis und Schnee bedeckt und zu einem Gletscher. In der Märchensammlung der Gebrüder Grimm begegnen wir mehrfach einem wundersamen Tischlein-Deck-Dich, das es dem Besitzer jederzeit erlaubt, sich an köstlichen Speisen satt zu essen, auch „Hänsel und Gretel" spricht von Mangel und träumt von Überfluss an Lebensmitteln.

In der heutigen Zeit landwirtschaftlicher Massenproduktion und der ständigen Verfügbarkeit von Nahrung in unserer Gesellschaft ist dieser Respekt abhanden gekommen. Auch das Bewusstsein, dass man nur dann etwas hat, wenn man sich in Zeiten des Überflusses Nahrung für karge Zeiten im Winter und bei Missernten aufspeichert, ist fast vollständig verloren gegangen. Die meisten meinen, immer im Supermarkt erhalten zu können, was das Herz gerade begehrt. Das ist aber ein schwerwiegender Irrtum. Sollte die Belieferung der Supermärkte ins Stocken geraten, wie es bei Überschwemmung, Erdbeben oder Schneeverwehung sehr leicht passieren kann, dann ist nach zwei Tagen praktisch nichts mehr vorhanden.

Dieses Buch möchte den Sinn für sparsamen Umgang mit Lebensmitteln schärfen und die in unserer Zivilisation übergroß gewordene Angst vor Gesundheitsschäden durch verdorbene Nahrung auf ein vernünftiges Maß zurückführen.

81 kg weggeworfener Nahrungsmittel während eines Jahres von nur einem Einwohner, das ist definitiv viel zu viel. Ein Teil der Lebensmittel wird zwar noch ein wenig verwertet, indem über Biogas daraus Energie gewonnen wird, aber das ist wohl nicht die optimale Nutzung von dem, was den Hunger stillen soll.

Die folgenden Empfehlungen und Erklärungen sind aus jahrzehntelanger Vorratshaltung und zahlreichen Experimenten beim Kochen, in der Lagerung von Lebensmittel und gelegentlich auch bei der Beurteilung von Verderb und Qualitätsminderung durch Fehler entstanden. Sie sind also voll praxistauglich, müssen aber natürlich jeweils an die persönlichen Vorlieben und Lebensumstände angepasst werden.

Einige meiner Ideen und Empfehlungen liegen außerhalb der üblichen Lehrmeinung zum Umgang mit Lebensmitteln und können schon manchmal etwas riskant sein, was aber jeweils ausdrücklich erwähnt wird. Das ist der Grund, warum ihre Fachberater Bundeslandwirtschaftsministerin Ilse Aigner abgeraten haben, meiner Bitte nach einem Vorwort für dieses Büchlein zu entsprechen.

Peter Wöllauer

Neustadt an der Donau im Juni 2012

Lebensmitteleinkauf

Damit man günstig einkauft und dennoch einigermaßen sicher ist, nachher möglichst keine Ware wegwerfen zu müssen, sind einige Grundsätze zu beachten: Art und Zustand der Verpackung, das Mindesthaltbarkeits- bzw. Verbrauchsdatum, das Aussehen der Ware bei unverpackter Frischware.

Da Ware, von der zu erwarten ist, dass ihre Haltbarkeit begrenzt ist, oft günstiger verkauft wird, kann man sich durch den Erwerb solcher Ware, vorausgesetzt man berücksichtigt sie optimal im Speiseplan, einiges an Geld sparen.

Abgelaufene Ware

Hier muss man deutlich zwischen Mindesthaltbarkeitsdatum und Verbrauchsdatum unterscheiden. Ein Verbrauchsdatum wird ange- geben, wenn es sich um leicht verderbliche Waren handelt, also um Waren, die sehr rasch ihre Qualität dramatisch einbüßen oder die sogar sehr rasch durch Verderb gesundheitsgefährlich werden. Das sind beispielsweise Zubereitungen aus rohem Hackfleisch. Solche Waren sollen nach dem aufgedruckten Zeitpunkt nicht mehr verwendet werden. (Im Notfall gibt es aber auch noch Methoden, das Risiko beim Verzehr von bedenklichen Lebensmitteln stark herabzusetzen)

Anders liegt es bei Waren, deren Mindesthaltbarkeitsdatum in der Vergangenheit liegt. Es ist ja nicht so, dass bei Überschreiten des Mindesthaltbarkeitsdatums ein Schalter umgelegt wird, der die Ware auf einen Schlag ungenießbar oder gar gesundheitsschädlich macht.

Das Mindesthaltbarkeitsdatum stellt eine Angabe des Herstellers dar, die besagt, dass die ungeöffnete Packung bis zum angegebenen Datum, vorausgesetzt die angegebenen Lagerbedingungen werden eingehalten, keine Qualitätseinbußen erleidet. Wird die Ware länger gelagert, so werden die von Anfang an ablaufenden Prozesse immer mehr bemerkbar und die Ware wird allmählich an Qualität einbüßen und schließlich ungenießbar, eventuell sogar gesundheitsschädlich. Welche Überschreitung des Mindesthaltbarkeitsdatums noch unbedenklich ist,

hängt von der Art der Ware, der Art ihrer Behandlung im Herstellungs-
prozess und der Art der Verpackung sowie den bisherigen Lagerbedingungen ab. Einzelheiten dazu sind weiter unten im Kapitel
„Lebensmittellagerung" zu finden.

Das Mindesthaltbarkeitsdatum gilt nicht mehr, wenn die Packung
geöffnet wurde. In diesem Fall kann Sauerstoff zutreten, das Produkt
kann austrocknen oder aus der Atmosphäre Feuchtigkeit anziehen und
Bakterien, Hefen und Schimmelpilze können das Produkt angreifen. In
offenen Packungen kann das Produkt auch Gerüche aus der
Umgebung aufnehmen, wodurch es zwar nicht gesundheitsschädlich
wird, aber durch Geschmacksveränderung natürlich mehr oder weniger
an Qualität einbüßt. Aus diesem Grund ist bei abgelaufener oder
beinahe abgelaufener Ware besonders sorgfältig zu prüfen, ob die
Verpackung unbeschädigt ist. Schließlich ist eine solche Ware schon
länger als üblich im Laden herumgekollert, wodurch eine Beschädigung
der Verpackung wahrscheinlicher wird. Ist die Verpackung beschädigt,
kann nicht leicht beurteilt werden, ob die Ware noch brauchbar ist oder
nicht. In solchen Fällen lieber Finger weg. Ansonsten ist zu überlegen,
ob die Ware bald verbraucht werden kann, da sie sich naturgemäß nicht
mehr dazu eignet, eine weitere längere Lagerdauer in einem Lebensmittelvorrat zu überstehen.

Sonderangebote

Sonderangebote sind meist normale, frische Waren, die aus
Werbegründen verbilligt angeboten werden oder weil ein zum
Normalpreis kaum verkäuflicher Überschuss vorhanden ist. Besonders
solche Waren eignen sich dazu, einen Lebensmittelvorrat anzulegen. Es
ist aber anzuraten, vor dem Kauf einer größeren Menge erst eine
Packung zur Probe zu erwerben und zu prüfen, ob die Qualität den
Erwartungen entspricht. Manchmal wird nämlich auch zum Zweck
neue Kunden in einen Laden zu locken, minderwertige Ware zu einem
auffallend niederen Preis angeboten.

Selbst ernten

Mittlerweile gibt es häufig Obstbäume und Beerensträucher in Gärten und auf Wiesen, die nicht abgeerntet werden. Oft sind die Besitzer froh, wenn die Früchte verwendet werden und nicht abfallen und verfaulen. Wer solche Früchte erntet, kann seinen Speisezettel ohne zusätzliche Kosten, nur mit etwas Arbeit, wesentlich bereichern.

Wer sehr knappe Mittel hat und von der Entfernung her die Gelegenheit, kann auch Massengemüse wie Karotten, Kartoffeln oder Zwiebeln selbst ernten. Bei der maschinellen Ernte bleibt sehr viel Gemüse im Boden, das mit Erlaubnis des betreffenden Landwirts als Nachlese geerntet werden kann. Für solche Aktionen besteht allerdings meist nur ein recht kleines Zeitfenster zwischen der maschinellen Ernte und dem neuerlichen Pflügen, bei dem die restlichen Feldfrüchte untergeackert werden.

Die Verpackung

Moderne Lebensmittelverpackungen sind teilweise ausgeklügelte High-Tech-Produkte. Folienverpackungen können aus bis zu sieben Schichten bestehen, die das Lebensmittel zuverlässig vor dem Einfluss der Luft, der Sonne, von Mikroben und vor Austrocknen schützen, ohne unbekömmliche Substanzen auf das Nahrungsmittel zu übertragen. Packungen haben heute Verschlüsse, die mehr oder weniger zuverlässig ein bequemes Öffnen und ein Wiederverschließen der geöffneten Packung erlauben. Häufig werden Produkte der Lebensmittelindustrie heute in Schutzgas verpackt, um noch zuverlässigere Haltbarkeit zu erreichen.

Die Verpackung kann ihre Funktion als Barriere gegenüber Umgebungseinflüssen, die zu Qualitätseinbußen und schließlich zum Verderb des Nahrungsmittels führen, jedoch nur zuverlässig erfüllen, solange sie unverletzt ist.

Gewisse Folienverpackungen neigen dazu, aufzuplatzen, wenn die Packungen hinunterfallen. Das trifft auch auf Kunststoffbecher zu, wie sie zum Abfüllen von Quark oder Joghurt benutzt werden. Manchmal ist der Riss sehr unscheinbar, ist aber dennoch eine Schwachstelle, durch die das Lebensmittel auslaufen kann und durch das Mikroben und Schadstoffe ins Lebensmittel eindringen können. Aluminiumfolie wird sehr leicht durch scharfkantige Gegenstände zerschnitten, beispielsweise Fingernägel. Packungen sollen daher beim Kauf sorgfältig auf Unversehrtheit geprüft werden und bei Transport und Lagerung so behandelt werden, dass sie nicht beschädigt werden.

Als Verpackungsmaterial sind in diesem Zusammenhang auch die natürlichen Hüllen von Obst und Gemüse anzusprechen. Die Schalen von Äpfeln, Birnen, Tomaten, Weintrauben Pflaumen usw. können leicht verletzt werden und lassen dann Bakterien, Hefen und Schimmelpilze eindringen, die sofort ihr verderbliches Werk beginnen. Viele Obstsorten und Blattgemüse sind empfindlich auf Druckstellen, die einen Verderb um ein vielfaches beschleunigen. Es ist daher solche Ware beim Einkauf sorgfältig zu prüfen und vorsichtig und überlegt zu transportieren. So sollen Früchte oder Blattgemüse nicht unter anderer Ware transportiert werden, wo sie einem erhöhten und schädigenden Druck ausgesetzt sind.

Konservendosen sollen keine Dellen aufweisen. Beim Hinunterfallen können nämlich, ohne dass die Dose platzt, Risse in der inneren Beschichtung auftreten, wodurch der Inhalt mit dem Eisenblech der Dose in Berührung kommt, was den Verderb sehr beschleunigt.

Das Aussehen von verpackter Ware

Die Qualität von verpackter Ware nach dem Aussehen zu beurteilen, ist oft nicht leicht. Bei Obst und Gemüse muss untersucht werden, ob nicht an verborgener Stelle die Schale verletzt ist oder ob Druckstellen vorhanden sind. Auch die Bildung von Schimmel in einer versteckten Ecke kann leicht übersehen werden. Wenn stark fetthaltige Ware wie Käse oder Schokolade zu warm geworden ist, dann ist sie angeschmolzen. Dies lässt sich normalerweise an einer Deformierung der Packung erkennen. Handelt es sich um ziemlich trockene, also wasserarme Produkte, so stellt dies keine Gefahr dar, denn ohne ausreichend Wasser können Mikroben nicht gedeihen. Eine Qualitätsminderung liegt aber jedenfalls vor.

Eine abgestoßene Packung, auf der der Aufdruck stellenweise abgeschabt ist, deutet auf häufiges Umpacken und Bewegen der Ware hin. Ausgeblichene Farben (kommt besonders bei rot vor) deuten darauf hin, dass die Packung länger direkter Sonnenbestrahlung ausgesetzt war, was zumindest eine Qualitätseinbuße des Inhalts mit sich bringt.

Angerostete Konservendosen zeigen an, dass die Metallbehälter in einer feuchten bzw. aggressiven Atmosphäre gelagert worden sind. Solange sich die Rostflecken nur auf Kanten beschränken, ist nicht zu befürchten, dass der Inhalt betroffen ist. Ist die Dose allerdings großflächig verrostet, kann sie auch geringfügig undicht sein. Die Rostpartikel im Kontakt mit dem Inhalt und die Möglichkeit des Eindringens von Mikroben verbieten die Verwendung solcher Lebensmittel auch dann, wenn sie noch nicht fühlbar ausgelaufen sind.

Das Aussehen von offener Ware

Zur Beurteilung der Frische von Obst und Gemüse sowie von Wurst und Käse liefert das Aussehen wertvolle Aufschlüsse. Zunächst einmal kann man davon ausgehen, dass regionale Ware frischer angeboten wird als Ware aus fernen Ländern. Einen ersten Aufschluss gibt daher die Herkunftsangabe, die gesetzlich vorgeschrieben ist. Das zweite Kriterium ist das Aussehen.

Obst

Steinobst (Kirschen, Aprikosen, Pfirsiche, Nektarinen, Pflaumen, Ringlotten) reift nicht nach. Es sollte daher reif sein. Dann sind die Früchte zwar prall, aber weich und die Haut ist von satter Farbe. Das gilt auch für Beeren (Weintrauben, Johannisbeeren, Himbeeren, Brombeeren, Kroatzbeeren, Heidelbeeren, Stachelbeeren) Ein sicheres Zeichen für die Frische ist der Zustand der Stiele. Bei längerer Lagerung werden die Stiele vertrocknen und entsprechend dünner und manchmal runzelig. Bei Kirschen, Pflaumen und Weintrauben ist es wichtig, dass die Stiele vorhanden sind, da das Entfernen der Stiele eine Wunde verursacht, durch die Bakterien und Schimmelpilze eindringen und das Obst sehr rasch verderben.

Kernobst (Äpfel und Birnen) sind vergleichsweise unempfindlich. Diese Obstsorten reifen ebenso wie Bananen wunderbar nach. Diese Obstsorten können unreif gekauft werden, wodurch sie länger haltbar bleiben und allmählich ihre volle Reife, und damit die beste Konsistenz und das volle Aroma erreichen. In besonderem Maß gilt dies für Birnen. Da solches Obst nachreift, kann es auch überreifen. Es ist daher beim Einkauf darauf zu achten, dass nur so viel gekauft wird, wie bis zur vollen Reife konsumiert werden kann. Tomaten reifen ebenfalls nach, das heißt ihre Farbe wird intensiver und sie werden weicher. Der Zuckergehalt steigt allerdings ohne Sonne kaum. Bei Kernobst ist wichtig, dass es keine Druckstellen hat und dass die Haut unverletzt ist, da andernfalls Bakterien und Schimmelpilze eindringen und zu raschem Verderb führen.

Bei längerer Lagerung verlieren Obst und Gemüse generell Wasser und verlieren dadurch ihre pralle Knackigkeit. Das bedeutet eine gewisse Verminderung des Genusswertes, ist aber nicht als Verderb einzustufen. Mit langer Lagerung verbunden ist bei jedem Obst und Gemüse ein gewisser Verlust an Vitamin C, das durch den Sauerstoff der Luft oxidiert wird.

Braune Flecken auf weißen Weintrauben müssen genau betrachtet werden. Häufig handelt es sich nur um Sonnenbrand, nicht um ein Zeichen des Verderbs. Ebenso sind kleine braune Tupfen auf Bananen kein Manko. Sie entstehen, wenn die Früchte einige Zeit im Kühlschrank gelagert werden. Grüne Stellen auf den Schalen von Zitrusfrüchten sind normalerweise kein Zeichen der Unreife, sondern zeigen nur an, dass die Früchte ein bisschen Frost durchmachen mussten, als sie noch am Baum hingen.

Blattgemüse

Die Frische von Blattgemüse, das als ganze Pflanze in den Handel kommt (Kopfsalat, Endiviensalat, Kohlsorten usw.), kann sehr gut durch Betrachten der Schnittfläche des Strunkes beurteilt werden. Ist die Schnittfläche hell und glatt, so ist das Gemüse frisch geerntet. Je brauner der Strunk ist (dies gilt vor allem für Salate), umso länger ist die Ernte bereits her. Bei Kohlsorten wird der Schnitt bei längerer

Lagerung trockener und ist deshalb durch das Hervortreten der Adern nicht mehr glatt. Übrigens ist der Zustand der Schnittfläche auch ein gutes Kriterium zur Beurteilung der Frische von Spargel und von Champignons.

Blattgemüse, das ohne Strunk in den Handel kommt (Spinat, Quinoa usw.) muss anhand der Spannkraft und Färbung der Blätter beurteilt werden. Sind die Blätter knackig und von sattgrüner Farbe, so ist die Ware frisch. Sind die Blätter welk oder gar am Rand vertrocknet oder vergilbt, so ist die Ware überlagert. In Folie verpacktes Blattgemüse verwelkt nicht, sondern beginnt zu faulen, wenn es zu lange gelagert wird. Das geschieht meist an den Blatträndern. Auch Schimmelbildung ist dann möglich. Solche Ware ist abzulehnen.

Eine bedeutende Qualitätseinbuße erfahren Blattgemüse, wenn sie gequetscht werden. Quetschstellen sind als dunkler gefärbte Bereiche zu erkennen. Von diesen Stellen ausgehend wird die Ware rasch verderben. Blattgemüse, das teilweise oder ganz gefroren war und wieder aufgetaut ist, muss sofort nach dem Auftauen verarbeitet werden, da es sonst verdirbt. Auch gequetschtes Blattgemüse ist noch zu retten, wenn es sofort verarbeitet wird.

Wurzelgemüse

Als ständig mit der Erde in Kontakt stehendes Pflanzenteil ist die Wurzel am robustesten. Wurzelgemüse (z.B. Kartoffeln, Karotten, Sellerieknollen, Pastinak, Rote Rüben, Schwarzwurzeln usw.) sind daher relativ haltbar, Zwiebeln ebenfalls. Verpacktes Wurzelgemüse, das schon länger herumsteht, neigt dazu, zu faulen und zu schimmeln. Viel Kondenswasser in der Folienverpackung ist ein Indiz auf längere Lagerung. Offene Ware neigt zum Vertrocknen. Wurzeln, die etwas schlapp und runzelig sind, sind deshalb nicht gesundheitsschädlich, aber sie enthalten weniger Vitamin C als frische Ware.

Wurzelgemüse ist haltbarer, wenn es nicht gewaschen ist. Durch das Waschen, vor allem das automatische Waschen in dafür geschaffenen Waschanlagen verursacht leichte Verletzungen, die den Verderb begünstigen.

Käse

Bei Käse sind die verschiedenen Klassen zu unterscheiden, nämlich Frischkäse, Weichkäse, Schnittkäse und Hartkäse. Generell ist zu sagen, dass Käse gewollt Mikroben, also Leben enthält und sich dadurch verändert, er reift. Nur sehr trockener Hartkäse wie Parmesan oder Grano Padano haben ihren Reifeprozess abgeschlossen und verändern sich bei der Lagerung kaum noch. Andere Hartkäse wie Emmentaler oder Bergkäse können schimmeln. Vor allem wenn sie in Folie verpackt sind, besteht diese Gefahr, auf die beim Einkauf geachtet werden soll. Besonders wenn das Mindesthaltbarkeitsdatum nahezu erreicht oder überschritten ist, sollte man kontrollieren, ob die Käsestücke von gleichmäßiger Farbe sind, ohne weiße oder grün-graue Flecken.

Schnittkäse wie Butterkäse oder Edamer neigt bei längerer Lagerung dazu, durch Abbauprozesse bitter zu werden. Das kann man nur durch eine Geschmacksprobe erkennen. Gefährlich ist bitter gewordener Käse nicht, aber für die meisten kein Genuss. Das Aussehen wird dadurch nicht beeinflusst.

Am stärksten verändert sich Weichkäse. Von einer frischkäseartigen, bröckeligen Konsistenz wird er im Laufe des Reifeprozesses zu einer sehr weichen bis fließenden Masse, die einen glänzenden Schnitt ergibt. Am Ende des Reifungsprozesses entwickeln Weichkäse ein sehr strenges Aroma und einen sehr starken Geschmack, der nicht jedermanns Sache ist. Wer reifen Weichkäse nicht mag, sollte keinesfalls welchen kaufen, dessen Mindesthaltbarkeitsdatum bald erreicht ist. Bezüglich der Lagerung weniger problematisch ist pasteurisierter Weichkäse. Solcher Käse reift nicht mehr, da durch kurzzeitiges Erhitzen die zur Reifung nötigen Bakterien abgetötet wurden. Er wird in luftdicht verschlossener Verpackung angeboten und kann viele Wochen lang gelagert werden. Das Pasteurisieren verändert allerdings den Geschmack nicht zum Vorteil.

Frischkäse schmeckt nur frisch gut. Besonders mit Beimischungen von Kräutern und anderen Zutaten neigt Frischkäse zum Schimmeln und ist nur begrenzt haltbar. Abgelaufenen Frischkäse zu kaufen, ist daher ein bisschen riskant.

Wurst

Offene Wust kann austrocknen und ranzig werden oder durch Bakterien und Schimmelpilze verderben. Sorten mit geringem Wassergehalt (Salami) sind dafür weniger empfindlich als weiche Wurstsorten. Wenn in einer Hartwurst der Fettanteil gelb geworden ist, dann ist das Fett ranzig und hat daher einen etwas stechenden, unangenehmen Geschmack. Dies ist eine stark verminderte Qualität, aber keine Gesundheitsgefahr.

Ist hingegen Weichwurst außen schmierig geworden, so ist sie von einer Schicht Bakterien bedeckt. Die Wurst ist verdorben. Nur im äußersten Notfall kann man sie durch Abreiben mit Wasser und anschließendes sorgfältiges Braten noch verwenden.

Fisch

Fisch, außer in geräucherter oder getrockneter Form, zählt zu den besonders empfindlichen Lebensmitteln. Gerade Fisch zeigt durch den intensiven fischigen Geruch an, wenn er beginnt zu verderben. Wie frisch offener Fisch ist, lässt sich, soweit vorhanden, an den Augen erkennen. Sind die Augen noch glänzend und prall, so ist der Fisch frisch. Sind die Augen trübe und eingefallen, dann ist der Fisch schon längere Zeit aus dem Wasser.

Fleisch

Sofern Fleisch verpackt abgegeben wird, ist es heute normalerweise in Schutzgasatmosphäre. Solche Ware kann man nur durch die transparente Verpackung optisch kontrollieren. Offenen Ware zeigt ihre Frische durch den Geruch und das Aussehen, das von Sorte zu Sorte variiert.

Einflüsse, die Lebensmitteln zusetzen

Wenn man die Einflüsse kennt, die den Verderb von Lebensmitteln beschleunigen, kann man dafür sorgen, dass diese Einflüsse möglichst klein gehalten werden, was die Haltbarkeit wesentlich verlängert.

Wärme

Am offensichtlichsten ist der Einfluss von Wärme auf Lebensmittel. Wärme beeinflusst nicht nur unverpackte, sondern auch optimal verpackte Lebensmittel stark. Als chemische Faustregel gilt, dass sich die Geschwindigkeit von chemischen Reaktionen bei einer Erhöhung der Temperatur um 10°C ungefähr verdoppelt. Dasselbe gilt auch für Diffusionsvorgänge, also beispielsweise für das Eindringen von üblen Gerüchen in ein Lebensmittel. Also: je wärmer umso schlimmer, was ja nicht gerade eine revolutionäre Erkenntnis ist.

Aus diesem Grund erhöht eine kühle Lagerung die Lebensdauer. Tiefkühlen, also eine Lagerung bei einer Temperatur unter -18°C bringt die meisten chemischen Prozesse in Lebensmitteln praktisch zum Erliegen. Aus diesem Grund vervielfacht sich die Haltbarkeitsdauer von Lebensmitteln durch Tiefkühlen.

Das Anschmelzen einer Ware, etwa weil sie länger im Auto lag, das in der Sonne stand, stellt kein Gesundheitsrisiko dar. Angeschmolzener Käse kann ohne Bedenken zum Kochen verwendet werden. Auch angeschmolzene Butter oder Schokolade sind ohne weiteres zu genießen. In Ware die ausreichend Wasser enthält wird hingegen durch Sonneneinstrahlung das Wachstum von Bakterien und Schimmelpilzen sehr stark beschleunigt, sofern solche Keime dort vorhanden sind.

Licht und Luft

Luft enthält Sauerstoff, der danach trachtet, alle möglichen Substanzen zu oxidieren. Besonders groß ist die Wirkung in Kombination mit Licht, vor allem Sonnenlicht. Besonders empfindlich für Oxidation sind Öle und das darin enthaltene Vitamin E (Tocopherol) sowie das wasserlösliche Vitamin C (Ascorbinsäure). Generell ist es vorteilhaft, Lebensmittel unter Luftabschluss im Dunkeln zu lagern.

Um Sauerstoff sicher auszuschließen und das ranzig werden von enthaltenem Fett dadurch zu verhindern, tauschen Hersteller von Lebensmitteln (z.B. Kartoffelchips) die Luft in den Packungen gegen ein sauerstofffreies Schutzgas, normalerweise Stickstoff, aus. Ist die Packung angebrochen, befindet sich normale, sauerstoffhaltige Luft darin, die zu einer allmählichen Oxidation des Inhaltes führt. Besonders krass ist dies bei Zubereitungen mit Meerrettich zu bemerken: Die enthaltenen scharfen Schwefelverbindungen verlieren in einem angebrochenen Glas ziemlich bald ihre erwünschte Schärfe durch Oxidation. Auch die Oxidation geschieht umso schneller je wärmer es ist.

Licht kann aber nicht nur im Zusammenwirken mit Sauerstoff Lebensmittel verändern. Besonders Farbstoffe werden durch Licht auch in geschlossenen aber durchsichtigen Behältern allmählich zerstört, sodass solche Lebensmittel unansehnlich werden. Der Farbverlust ist ein klares Zeichen für eine Qualitätsminderung. Gesundheitsschädlich wird ein Lebensmittel dadurch nicht.

Feuchtigkeit

Wasser ist das Medium, in dem sich alle Lebensvorgänge abspielen. Wasser ist ein sehr gutes und vielseitiges Lösungsmittel, das eine unüberschaubare Zahl von chemischen Reaktionen ermöglicht und unterstützt. Aus diesem Grund sind Lebensmittel umso mehr Veränderungen unterworfen, je mehr sie Wasser enthalten. Wirklich trockenen Lebensmittel wie Getreide, Nudeln, Mehl und besonders Zucker und Salz können sehr lange, teilweise unbegrenzt, gelagert werden.

Im Bereich der Medikamente werden manchmal flüssig zu nehmende Mittel wie Antibiotika in Pulverform geliefert, die erst kurz vor Gebrauch mit einer bestimmten Menge Wasser anzusetzen sind. Auf diese Weise wird die Haltbarkeit und damit Wirksamkeit des Medikaments über einen längeren Zeitraum sicher gestellt, als beim Verkauf in Form der fertigen wässrigen Zubereitung.

Natürlich gilt auch, dass Mikroben, die wichtigsten Lebensmittel-verderber, umso besser gedeihen, je mehr Wasser ihnen zur Verfügung steht.

Auf der anderen Seite ist Wasser ein wesentlicher Bestandteil von Lebensmitteln. Sogar völlig trocken erscheinen Lebensmittel wie Mehl, Semmelbrösel oder Getreideflocken enthalten noch rund zehn Prozent Wasser. Dies zeigt sich, wenn so ein Produkt in heißes Fett gegeben wird: Es brutzelt, weil Wasser verdampft. Lebensmittel können daher auch vertrocknen. Dies ist meist ein umkehrbarer Vorgang, das heißt, man kann dem Lebensmittel das verlorene Wasser wieder zuführen, am schonendsten durch Wasserdampf. Richtig frisch wird es dadurch allerdings nicht mehr, da mit dem Vertrocknen auch ein Angriff durch Luftsauerstoff verbunden ist, der zu einer Geschmacksveränderung führt. Außerdem geht mit dem Verlust von Wasser auch der Verlust von Aromastoffen einher. Gesundheitsschädlich wird ein Lebensmittel durch Vertrocknen aber nicht.

Mikroben

Mikroben sind die wichtigste und häufigste Ursache für den Verderb von Lebensmitteln. Sie sind daher auch die häufigste Ursache für Erkrankungen, die mit Lebensmitteln zusammenhängen. Es gibt eine Unmenge von Bakterien, Hefepilzen, Schimmelpilzen und Algen, die jede denkbare ökologische Nische auf der Welt mit mehr oder weniger spezialisierten Vertretern besiedeln können. Das gilt ganz besonders für Lebensmittel aller Art. Lebensmittel sind nur dann frei von lebenden Mikroben, wenn sie so hitzebehandelt oder bestrahlt wurden, dass die von Natur aus immer anhaftenden Mikroben und ihre Sporen zuverlässig abgetötet wurden und in der weiteren Verarbeitung dafür Sorge getragen wurde, dass keine neuen Keime eingebracht wurden.

Da der menschliche Mund eine besonders aktive Brutstätte für Mikroben ist, dürfen Lebensmittel, die nicht vollständig verzehrt werden sollen, nicht mit dem Mund oder mit benutztem Essbesteck in Berührung kommen. So sollte man keinesfalls einen Marmeladelöffel abschlecken und damit sofort wieder ins Mameladenglas fahren. Auf solche Weise werden unweigerlich vermehrt Mikroben eingebracht, die den Verderb sehr beschleunigen. Das Trinken direkt aus der Flasche ist ebenfalls ein solcher Schwachpunkt. Auch der Einsatz von frischen Kräutern in Zubereitungen, die nicht sofort verzehrt werden, ist aus diesem Grund abzulehnen. Auch wenn man sie wäscht, haften auf Blättern, Stenglen, Wurzeln und Früchten immer hunderttausende Mikroben.

Mikroben sind zwar mikroskopisch klein, haben aber eine enorme Vermehrungsrate. Um das zu veranschaulichen eine kleine Beispielrechnung: Milchsäurebakterien, die bei Körpertemperatur (37°C) sehr gut gedeihen, haben bei dieser Temperatur eine Teilungsperiode von etwa 15 Minuten, das heißt, ihre Zahl verdoppelt sich alle 15 Minuten. Nehmen wir an, dass ein Lebensmittel mit einem Gehalt von 100 000 Bakterien pro Milliliter als verdorben eingestuft werden muss. Wenn nur ein einziges Bakterium pro Milliliter eingebracht wird, dann dauert es (bei 37°C) eine Stunde, bis daraus 16 geworden sind. Nach knapp 4 Stunden haben wir 50 000 Bakterien pro Milliliter. Bis die zweiten 50 000 Bakterien gewachsen sind, dauert es dann aber nur mehr weitere 15 Minuten. Daraus kann man erkennen, dass die Vermehrung am Anfang keine Probleme bereitet, gegen Ende aber enorm an Fahrt aufnimmt. In unserem Beispiel wäre es also völlig unkritisch, die Speise noch nach 3 Stunden zu essen, nach vier Stunden aber wird sie dann eklig.

Wenn wir unsere Musterspeise aber statt sie am Körper zu tragen (37°C) in den Kühlschrank stellen (7°C), dann ist die Vermehrungsgeschwindigkeit etwa nur mehr ein Achtel der vorhergehenden (Halbierung bei je 10°C Temperaturverminderung), die Bakterienanzahl verdoppelt ich also alle zwei Stunden. Unter diesen Umständen dauert es 8 Stunden, bis aus einem Bakterium 16 geworden sind. Bis die 50 000 Keime pro Milliliter erreicht sind, dauert es im Kühlschrank 31 Stunden und nach 33 Stunden ist die Speise verdorben. Dieses Rechenbeispiel zeigt auch, dass Kühlung den Verderbsprozess dramatisch verlangsamt. Das deckt sich vollständig mit der Erfahrung.

Im Haushalt ist es praktisch unmöglich, wirklich keimfrei zu arbeiten. Der Verderb beginnt daher sofort, sobald eine Speise zubereitet ist. Arbeitet man jedoch so sorgfältig, dass man nur wenige Mikroben einbringt, dann hält die Speise länger. Erhitzt man die Speise (sofern das möglich ist ohne sie zu zerstören) nochmals lange vor dem zu erwartenden Verderb während der Lagerzeit, dann zerstört man die inzwischen gewachsenen Keime und der Verderbsprozess wird aufgehalten, da dann wieder nur sehr wenige Keime vorhanden sind, die sich erst vermehren müssen, um die Speise nachhaltig schädigen zu können.

Konservierungsstoffe sind Substanzen, die Mikroben daran hindern, sich zu vermehren oder die sie abtöten. Da der Stoffwechsel aller Lebewesen auf der Erde auf ähnlichen chemischen Prozessen beruht, liegt es auf der Hand, dass viele Konservierungsstoffe nicht nur Bakterien töten, sondern auch den Menschen schädigen. Es sollen daher anstelle von Konservierungsstoffen andere Methoden zum haltbar Machen von Lebensmitteln angewendet werden, wo immer das sinnvoll möglich ist.

Ungeziefer

Ungeziefer an sich, also Ratten, Mäuse, Schaben, Getreidekäfer, Ameisen usw. sind nur insofern selbst verderblich, als sie Verpackungen beschädigen und einen Teil der Lebensmittel verzehren. Viel wesentlicher für den Schaden, den sie stiften, ist die Übertragung von unterschiedlichen Mikroben, die dann zu einem teilweise sehr raschen Verderb der angeknabberten Lebensmittel führen. Ungezieferbefall führt auch zu Ekel, sodass man das Lebensmittel nicht mehr verzehren will, obwohl es nicht schädlich wäre. Eine ziemliche Gefahr besteht in der möglichen Übertragung von Krankheiten durch Ungeziefer, die in Kontakt mit Lebensmitteln kommen. Das beste Beispiel für so etwas sind Fliegen, die ihren Aufenthalt zwischen Fäkalien und Lebensmitteln wechseln und so Fäkalbakterien in die Lebensmittel eintragen, die dann durch den Verzehr zur Erkrankung der Konsumenten führen können. Dabei ist etwa an Salmonellen zu denken. Ungeziefer kann aber durch geeignete Maßnahmen vollständig von Lebensmitteln ferngehalten werden.

Mechanische Zerstörung

Werden Lebensmittel unansehnlich, weil sie mechanisch zerstört, also zermanscht oder zerbröselt werden, so heißt das normalerweise nicht, dass sie nicht mehr verwendbar sind. Allerdings sind zermanschte Lebensmittel wegen der großen, ungeschützten Oberfläche einem rascheren Verderb ausgesetzt und müssen bald verwertet werden.

Aus diesem Grund eignet sich zermantschtes Obst vor allem zur Herstellung von Mus oder Marmelade. Aus zermantschten Tomaten kann man Tomatensoße machen, die auch eingekocht werden kann. So kann Obst von einem Lkw-Unfall noch nutzbringend verwendet werden, es muss aber rasch geschehen, sonst ist die Ware verdorben.

Mit etwas Phantasie können zerbröselte Kekse und Kuchen in Cremes oder Zubereitungen ähnlich einem Tiramisu Verwendung finden und müssen nicht in der Mülltonne landen. Zerbrochenen Nudeln stellen ebenfalls kein Problem dar. Sie müssen eben ein bisschen anders verwendet werden als üblich.

Weit weg vom Gleichgewicht

Lebensmittel bzw. Speisen, die sich in sich selbst nicht im Gleichgewicht befinden, verändern sich mit der Zeit mehr oder weniger rasch. Diese Veränderung ist kein Verderb, der die Speise gesundheitsschädlich oder ungenießbar machen würde, wohl aber eine Qualitätseinbuße. Beispiele dafür sind frische Semmeln (Brötchen), die eine wasserarme, knusprige Kruste über einer, weichen, feuchten Krume haben. Durch Lagerung verteilt sich das Wasser in der Semmel gleichmäßig und die Kruste wird weich und zäh. Schäume wie Schlagsahne oder Eischnee fallen im Laufe der Zeit zusammen, Emulsionen wie Salatdressings entmischen sich in einen wässrigen und einen öligen Teil, Honig kristallisiert aus, Senf, Quark und Joghurt sondern einen dünnflüssigen Teil ab usw. Teilweise können so veränderte Lebensmittel wieder aufgefrischt werden: Brötchen kann man aufbacken, um ihnen wieder eine knusprige Kruste zu geben, Salatdressings so wie Senf oder Joghurt kann man kräftig aufschütteln oder umrühren und kristallisierten Honig kann man durch Erwärmen verflüssigen. So behandelte Lebensmittel sind dann beinahe wie frisch, aber eben nur beinahe.

Lebensmittellagerung

Die Lagerbedingungen sind für fast alle Lebensmittel entscheidend für die Haltbarkeit. Durch geeignete Lagerbedingungen schaltet man die Störfaktoren, die zu Verderb führen, weitgehend aus. Wenn zu Lebensmitteln keine Mikroben, kein Licht, keine Luft und keine Feuchtigkeit herankann, dann können diese auch keinen Verderb verursachen. Eine möglichst niedrige Lagertemperatur erhöht die Haltbarkeit zusätzlich. Was sehr empfindlich ist, kann zwar gekühlt etwas länger gelagert werden als ungekühlt, doch ist die Zeit dort begrenzt. Ware die rasch verdirbt, reagiert besonders sensibel auf eine Unterbrechung der Kühlung. Ware die ohnehin robust ist, kann durch Kühlung länger ihre Qualität behalten.

Am wenigsten empfindlich sind Salz, Zucker, Zuckerwaren, Getreide, Nudeln, trockene Hülsenfrüchte.

Öl, Essig, Fruchtsäfte, Limonaden, Fruchtnektare in Flaschen oder Dosen sind ebenfalls unproblematisch lange zu lagern. Fermentierte Milchprodukte verändern sich zwar im Laufe der Zeit, können aber grundsätzlich ebenfalls länger gelagert werden. Bei Brot und Backwaren sowie bei Würsten hängt es davon ab, wie sie zubereitet sind. Je trockener umso haltbarer kann man als Faustregel sagen. Frischmilch sowie Obst und Gemüse, Fleisch und Fisch sind am empfindlichsten. Auch bei Eiern ist Vorsicht geboten.

Trockenware

Als Trockenware kann man Lebensmittel bezeichnen, die weniger als 10 Prozent Wasser enthalten. Das trifft zu auf Nudeln, Getreideflocken, Speisestärke, Reis, Mehl, Suppenpulver, vorgefertigte Kartoffelprodukte in Pulver- oder Flockenform (z.B. Kartoffelknödel, Kartoffelpuffer usw.), Puddingpulver, Backmischungen, Getränkepulver. Ganze Getreidekörner, Salz und Zucker fallen ganz besonders unter diese Rubrik.

Anfangszustand

Die üblichen, knisternden Verpackungen von Nudeln bieten keinen besonders guten Schutz für längerfristige Lagerung.

Salz und Zucker in Papiertüten bzw. Pappschachteln sind rieselfähig. Sind sie das nicht, dann wurden sie bereits in feuchter Atmosphäre gelagert. Beide Produkte sind dennoch verwendbar, nur etwas schwieriger passend zu dosieren.

Lagerbedingungen

Lagerung in trockener Atmosphäre bei mäßiger Temperatur. Ein kühles Schlafzimmer ist ebenso geeignet wie eine Speisekammer. Steht nur ein feuchter Keller zur Verfügung, so muss die Ware wasserdicht verpackt werden, beispielsweise in Folie eingeschweißt oder in Fässern mit Gummidichtung.

Salz und Zucker müssen auf jeden Fall wasserdicht verpackt werden, da sie immer aus der Luftfeuchtigkeit Wasser aufnehmen. Für wenige Tage spielt das nur eine geringe Rolle, wohl aber bei längerer Lagerung. Die Lagertemperatur spielt bei solcher Ware keine sehr große Rolle.

Lagerdauer und Qualität

Salz und Zucker sind praktisch unbegrenzt lagerfähig. Auch nach 30 Jahren sind keine Qualitätseinbußen zu erwarten, vorausgesetzt sie wurden konsequent vor dem Eindringen von Feuchtigkeit und schlechten Gerüchen geschützt.

Nudeln können über längere Lagerdauer leicht Gerüche aus der Umgebung aufnehmen. Normalerweise können sie bedenkenlos bis zu einem Jahr über das Mindesthaltbarkeitsdatum hinaus verwendet werden. Bei noch längerer Lagerung machen sich leichte Qualitätseinbußen im Geschmack bemerkbar.

Hülsenfrüchte, also Bohnen, Erbsen, Linsen in all ihren Varianten werden durch zu lange Lagerung so verändert, dass man sie kaum mehr weichkochen kann. Dies ist eine Qualitätseinbuße, aber nicht gesundheitsschädlich. Etwa ein Jahr über das Mindesthaltbarkeitsdatum ist üblicherweise kein Problem.

Erfahrungsgemäß können Suppenpulver und Getränkepulver ebenso wie Puddingpulver bis zu sechs Monate über ihr Mindesthaltbarkeitsdatum verwendet werden. Danach sollte man überprüfen, ob ihre Qualität noch den Ansprüchen genügt.

Bei getrockneten Kartoffelprodukten kann durch Überlagern die Verarbeitbarkeit schlechter werden. Sie sind ohne Risiko etwa drei Monate über ihr Mindesthaltbarkeitsdatum hinaus verwendbar.

Ganzes Getreide hält sich praktisch unbegrenzt. Lagerzeiten von 30 Jahren und mehr sind hier ohne nennenswerte Qualitätseinbuße möglich. Die Keimfähigkeit sinkt allerdings mit der Lagerdauer. Lange gelagertes Getreide eignet sich daher nicht mehr zur Erzeugung von Sprossen oder Malz.

Wasserhaltiges in Flaschen oder Tuben

Unterschiedliche flüssige oder sirupartige Lebensmittel werden in Gläsern, Flaschen oder Dosen angeboten. Die Behälter bieten eine sichere Barriere gegen Luft und Mikroben. Der Wasseranteil bewirkt allerdings, dass sich die Lebensmittel im Laufe der Zeit verändern.

Hier ist an Fruchtsäfte, Limonaden, Bier, Wein, Milch und flüssige bis cremige Milchprodukte ebenso zu denken wie an Tomatenketchup, Würzssoßen, Salatdressings, Senf und ähnliches.

Anfangszustand

Hier muss unterschieden werden, ob es sich um Mischungen handelt oder um Lösungen. Lösungen sind klare Flüssigkeiten, Mischungen sind undurchsichtig. Beim Kauf von frischer Ware sind in Flaschen keine abgesetzten Stoffe zu bemerken, außer in Fruchtsäften mit Trübanteil (z.B. naturtrüber Apfelsaft, Orangensaft). Um Mischungen handelt es sich zweifelsfrei, wenn auf der Packung steht: „Vor Gebrauch schütteln!" Solche Zubereitungen werden sich im Laufe der Zeit entmischen. Manchmal ist es schwierig, nach längerer Lagerung durch Schütteln wieder eine glatte, gleichmäßige Vermischung zu erreichen. Daraus resultierende Flocken sind nicht gesundheitsschädlich, sondern nur eine leichte Qualitätsminderung.

Cremige Zubereitungen, die oft in Tuben oder Gläser verpackt sind, können sich bei längerer Lagerdauer so entmischen, dass ein dünnflüssiger Anteil merkbar wird.

Lagerbedingungen

Nagetiere können Kunststoffflaschen oder Tetrapacks ohne weiteres durchbeißen und tun das auch immer wieder. Glasflaschen sind hingegen für Ratten und Mäuse nicht zu öffnen und Behälter aus Blech sind ziemlich sicher vor Nagern, wenn auch nicht völlig unangreifbar.

Flaschen und Tuben werden am besten unzugänglich für Nagetiere, kühl und dunkel gelagert. Flaschen dürfen nicht tiefgekühlt werden, da sich das Wasser ausdehnt, wenn es zu Eis wird, und Flaschen sprengt. Emulsionen aller Art (z.B. Majonäse) vertragen es nicht, wenn sie eingefroren werden.

Damit Blechbehälter oder metallene Schraubverschlüsse bzw. Kronenkorken von Flaschen nicht rosten, ist es sehr zu empfehlen, solche Behälter an einem trockenen Ort aufzubewahren.

Lagerdauer und Qualität

Fruchtsäfte und Fruchtnektare vertragen bei dunkler Lagerung bei normaler Raumtemperatur (ca. 20°C) eine Lagerung um ca. 1 bis 2 zwei Monate über das Mindesthaltbarkeitsdatum hinaus. Die einzige Gefahr die dabei besteht, ist dass der Inhalt zu gären beginnt. Bei Kunststoffflaschen oder Tetrapacks zeigt sich dies durch eine aufgeblähte Verpackung. In Glasbehältern sieht man dies, da sich Hefe als gelblichweißer, feiner Niederschlag auf dem Boden absetzt und das Glas beim Öffnen schäumt. Den Alkohol kann man auch riechen. Fehlen solche Erscheinungen, dann kann davon ausgegangen werden, dass der Fruchtsaft auch nach längerer Lagerdauer nicht wirklich verdorben ist. Bei noch längerer Überlagerung zersetzt sich das Produkt allerdings, was an einer Verfärbung zu erkennen ist. In einem solchen Fall ist vom Verzehr abzuraten, der dann kein Genuss mehr wäre.

Senf, Tomatenmark und ähnliche Produkte entmischen sich bei langer Lagerung. Sie können aber auch bis etwa 3 Monate über das

Mindesthaltbarkeitsdatum hinaus verwendet werden, sie müssen nur wieder zusammengerührt werden, um eine gleichmäßige Masse zu erreichen. Schütteln des geschlossenen Behälters ist dem Umrühren vorzuziehen, da beim Schütteln keine Mikroben eingetragen werden können, beim Umrühren aber sehr wohl.

Gemüse und Obst

Frisches Gemüse und Obst leben. Das heißt, es laufen noch Stoffwechselvorgänge ab, die zu einer allmählichen Veränderung führen. Viele Früchte reifen nach, Wurzeln und Zwiebeln können austreiben, Blätter vergilben. Da Obst und Gemüse leben, wehren sie auch Verderbsmikroben bis zu einem gewissen Grad ab. Dies ist auch sehr wichtig, da es praktisch unmöglich ist, frisches Obst und Gemüse sowie Kräuter keimfrei zu machen, ohne sie abzutöten.

Anfangszustand

In Verpackungen eingeschlossenes Obst und Gemüse kann seinen Stoffwechsel nicht ungehindert ablaufen lassen. Dies führt zu vorzeitigem Verderb. In verschiedenartige Kunststoffverpackungen eingeschlossenes Obst und Gemüse soll auf diese Weise nur auf dem Transport vor mechanischer Schädigung und dem Austrocknen geschützt werden und gleichzeitig so portioniert sein, dass die Handhabung im Laden erleichtert wird und gut zu verbrauchende Mengen vorliegen.

Lagerbedingungen

In Folie abgefülltes oder beim Einkauf in Kunststofftüten eingepacktes Obst und Gemüse muss bald aus der Verpackung entnommen werden, um ihm seinen natürlichen Stoffwechsel zu ermöglichen

Für offen gelagertes Obst und Gemüse ist eine hohe Luftfeuchtigkeit bei eine Temperatur knapp über dem Gefrierpunkt ideal. Im Bereich der kommerziellen Obstlagerung verwendet man zusätzlich eine besondere Mischung der Atmosphäre, um beispielsweise Äpfel länger haltbar zu machen (frei von Sauerstoff mit einem hohen Gehalt an CO_2). Viele Früchte produzieren Ethylengas, das die Reifung beschleunigt (Kommerziell eingesetzt wird eine Zugabe von Ethylen zur Atmosphäre beim Nachreifen von Bananen). Für Haushalte, die Äpfel über den Winter aufspeichern wollen, gilt es zu beachten, dass auch Äpfel das tun. Kartoffeln werden dadurch beeinflusst und verlieren durch die Ethylen-Reifung an Qualität. Es sollen daher Äpfel und Kartoffeln langfristig nicht im selben Raum gelagert werden. Das ist eine alte Weisheit der Praktiker der Lebensmittelbevorratung.

Lagerdauer und Qualität

Frisches Obst und Gemüse, die längere Zeit gelagert werden sollen, sind regelmäßig auf verdorbene Stücke zu überprüfen. Ein von Schimmel oder Fäulnis befallenes Stück Obst kann seine Nachbarn anstecken und muss daher frühzeitig entfernt werden. Äpfel und Birnen, etwas vor der vollständigen Reife geerntet, können je nach Sorte Wochen bis Monate gelagert werden. Bei Haushaltslagerung verlieren sie normalerweise etwas Wasser und werden im Laufe der Zeit deshalb runzelig und weich. Je länger sie gelagert werden, umso mehr verlieren sie von ihrem Gehalt an Vitamin C. Steinobst und Beeren halten sich nur wenige Tage, können aber tiefgefroren werden. Das relativ langsame Einfrieren bewirkt aber einen Qualitätsverlust, der sich beim Auftauen im Verlust von Saft und in einer leichten Geschmacksveränderung gegenüber dem frischen Obst äußert. Besser ist tiefgekühltes Obst, das industriell schockgefrostet wurde. Ungekochtes Kernobst kann nicht tiefgefroren werden.

Wurzelgemüse kann recht gut einige Wochen gelagert werden, wobei es etwas Wasser verliert und dadurch weich und runzelig wird. Vitamin C geht verloren. Müssen Kartoffeln, Karotten, Rote Rüben, Zwiebeln usw. in der Wohnung ohne Kühlung (also bei ca. 20°C) gelagert werden, so neigen sie zum Auskeimen, was zu einem Substanzverlust führt, da die entstehenden Wurzeln und Sprossen meist unverwendbar sind, bei Kartoffeln sind sie sogar giftig. Die grünen Triebe von Zwiebeln sind allerdings als Zutat zu Salaten und Suppen nutzbar. Verwendbar sind solche gekeimten Gemüse durchaus, sofern sie nicht zu lange ausgetrieben sind. Gegenüber frischer Ware ist jedoch die Qualität mehr oder weniger stark vermindert.

Nüsse

Bei Nüssen ganz allgemein bestehen vor allem zwei Gefahren: Schimmel und ranzig werden. Der Schimmel ist dabei das weitaus gefährlichere, da Schimmelpilze je nach Art des Schimmels und je nach Wachstumsbedingung mehr oder weniger Gift produzieren. Solche sogenannten Aflatoxine können tödlich wirken oder bei langfristiger Aufnahme Krebs verursachen. Ranzige Nüsse hingegen sind nicht schädlich, sie schmecken aber scheußlich.

Der Ausdruck Nüsse bezieht sich hier nicht auf die botanische Definition, sondern auf stark fett- bzw. ölhaltige Samen in einer harten Schale. Es fallen also Haselnüsse, Walnüsse, Paranüsse, Erdnüsse, Mandeln Cashewnüsse, Sonneblumenkerne, Kokosnüsse usw. unter diesen Begriff.

Anfangszustand

Nusskerne gibt es im Handel in der Schale, geschält oder gemahlen. Wegen ihres Ölgehaltes und der sehr großen Oberfläche sollten gemahlene Nüsse in Schutzgasatmosphäre verpackt sein, damit sie nicht ranzig werden.

Lagerbedingungen

Ganze Nüsse sollen luftig und kühl gelagert werden. Vor der Einlagerung sollen sie sorgfältig getrocknet werden. Das heißt, sie werden in dünner Schicht, luftig gelagert, damit die austretende Feuchtigkeit sofort abtransportiert wird und keine Schimmelbildung fördert. Danach können Nüsse in luftdurchlässigen Säcken aufbewahrt werden.

Geschälte oder gemahlene Nüsse sollen auf jeden Fall dunkel gelagert werden(ungeschälte Nüsse sind ja bereits durch die Schale in ihrem Inneren vor Licht geschützt)

Lagerdauer und Qualität

Gut vorgetrocknete Nüsse in der Schale halten sich sechs bis zwölf Monate. Geschälte Nüsse können ohne Probleme bis zu einem halben Jahr über das Mindesthaltbarkeitsdatum hinaus verwendet werden, wenn sie dunkel gelagert wurden. Gemahlene Nüsse sind ebenso lange haltbar, wenn sie in einer Schutzgasatmosphäre lagern. Ansonsten sollte das Mindesthaltbarkeitsdatum nicht wesentlich überschritten werden. Eine Geschmacksprobe gibt jedoch sicheren Aufschluss über die Qualität: Haben Nüsse einen scharfen, kratzigen Geschmack und einen unangenehmen Geruch, dann sind sie ranzig. Zur Not können solche Nüsse noch verwendet werden, wenn sie längere Zeit erhitzt (geröstet) werden. Dabei verdampft ein großer Teil der unangenehmen Abbauprodukte, die den schlechten Geschmack verursachen. Kurzfristig wird dadurch natürlich die Luft in der Küche verpestet.

Brot und Backwaren

Bis auf wenige Ausnahmen werden Backwaren für den baldigen Verbrauch hergestellt. Als Faustregel kann man sagen, je weniger Wasser enthalten ist, umso haltbarer sind die Backwaren.

Anfangszustand

Brot und andere Backwaren werden in Bäckereien normalerweise offen verkauft und nur in Papier eingeschlagen. Das heißt natürlich, dass diese Ware erstens sehr leicht austrocknen kann und zweitens dass Verderbsmikroben leichten Zugang haben.

Industriell gefertigtes Brot und andere Industriebackwaren sind oft in Folie verpackt. Hier besteht die Möglichkeit die Haltbarkeit dadurch zu erhöhen, dass die Backwaren entweder mit einem Schimmel hemmenden Konservierungsmittel (z.B. Sorbinsäure) behandelt wurden und dass sie praktisch steril verpackt wurden. Auch können verpackte Backwaren tyndallisiert werden, das heißt, sie werden in der Verpackung in rascher Folge mehrmals auf nahezu 100°C erhitzt und danach schockartig abgekühlt. Durch solche Behandlung kann man sehr viele Verderbskeime abtöten und damit die Haltbarkeit wesentlich verlängern, ohne das Lebensmittel selbst drastisch zu verändern.

Trockenbackwaren wie Kekse, gefüllte Waffeln, usw. werden üblicherweise in Kunststoff- oder Aluminiumfolie verpackt angeboten. Diese Waren sind sehr lange haltbar.

Es gibt auch verschiedene, meist gröbere Brotsorten (Vollkornbrot, Pumpernickel), die in Konservendosen verkauft werden.

Lagerbedingungen

Brot und Backwaren können sehr gut tiefgefroren werden, vorausgesetzt sie werden frisch eingefroren. Durch die lockere Struktur bilden sich keine größeren Eiskristalle, die eine Qualitätsminderung verursachen würden.

Brot sollte nicht im Kühlschrank gelagert werden, da es bei verminderter Temperatur rascher altbacken wird. Brot wird am besten in einem Brotkasten gelagert, der einige Öffnungen hat, um einen gewissen Luftaustausch zu ermöglichen, ohne ein Austrocknen zu beschleunigen. Brot kann auch in Plastiktüten gelagert werden, vorausgesetzt diese werden mindestens zweimal täglich geöffnet. Bei dieser Bedingung, die durch zweimalige Entnahme von Brot zum Verzehr erfüllt ist, bleibt Brot mehrere Tage genießbar. Wird Brot völlig eingeschlossen, so bildet sich eine feuchte Atmosphäre, die das Verschimmeln fördert. Aus diesem Grund darf Brot erst in Plastiktüten verpackt werden, wenn es vollständig ausgekühlt ist.

Wird Brot in Papier aufbewahrt, so besteht keine Gefahr des Schimmelns, außer bei ungewöhnlich hoher Luftfeuchtigkeit, dafür aber die des Vertrocknens.

Lagerdauer und Qualität

Qualitativ praktisch unverändert bleibt gröberes Brot wie Vollkornbrot längere Zeit als feineres Brot wie Semmeln. Semmeln sollen bekanntermaßen frisch gegessen werden, können aber am zweiten Tag wenn sie in einer Platiktüte oder einem Brotkasten gelagert wurden, durch Aufbacken wieder knusprig gemacht werden. Sind Semmeln noch älter, dann lässt man sie am besten trocknen und verwendet sie für Knödelbrot oder man zerreibt sie und gewinnt Semmelbrösel. Das gilt auch für anders geformtes Weißbrot.

Dunkles feines Brot , z.B. Mischbrot, ist normalerweise drei bis vier Tage gut zu essen. Vollkornbrot hält sich eine Woche. Auch diese Brotsorten kann man, wenn sie zu alt geworden sind, trocknen lassen, am besten in Scheiben geschnitten, und in der Küche verwenden.

Wird Brot jeder Art eingefroren, so ist es bis zu einem Jahr gut verwendbar. Es könnte allerdings Qualität einbüßen, wenn es Geruch von anderen Waren aufnimmt. Diese Gefahr ist bei feinem Brot (Weißbrot) größer als bei grobem Brot (Vollkornbrot) und steigt mit der Lagerdauer. Wird es in solchen Portionen eingefroren, die erfahrungsgemäß im Haushalt innerhalb von zwei Tagen verbraucht werden, dann vermeidet man das Problem von altem Brot vollständig.

Trockene Backwaren können original verpackt sehr lange aufbewahrt werden. Ist Fett enthalten, etwa in eine Cremefüllung, so verdirbt die Ware etwas schneller. Trockenbackwaren ohne Creme können ohne weiteres bis zu einem Jahr über das angegebene Mindesthaltbarkeitsdatum hinaus genossen werden. Da bemerkt man dann das Alter allerdings durch eine leichte Geschmacksveränderung. Die Kekse schmecken alt. Mit fetter Creme gefüllte Trockenbackwaren verändern ihren Geschmack schneller, aber ein halbes Jahr über das Mindesthaltbarkeitsdatum hinaus sind sie wohl genießbar. Als Faustregel kann man sagen: Je kühler gelagert wird, umso länger bleibt die Qualität erhalten. Das ist ein allgemeines Naturgesetz.

Trockenbackwaren (Kekse, Kracker usw.) werden auch durch jahrelange Lagerung nicht gesundheitsschädlich. Nur der Geschmack leidet etwas.

Geöffnete Packungen können auch mehrere Wochen gelagert werden, vorausgesetzt sie werden wieder sorgfältig verschlossen oder in einer Plastiktüte luftdicht verpackt, damit keine Feuchtigkeit eindringen kann.

Dosenbrot kann ohne weiteres 20 Jahre gelagert werden, ohne wesentlich an Qualität einzubüßen. Natürlich ist darauf zu achten, dass die Dosen nicht rosten können. Es ist also für einen trockenen Lagerort zu sorgen. Besser ist es, wenn der Raum kühl ist, doch ist ebenfalls eine Lagerung bei normaler Raumtemperatur (20 bis 25°C) möglich.

Fleisch, Wurst, Fisch

Diese tierischen Nahrungsmittel sind besonders empfindlich und müssen daher besonders sorgfältig gelagert werden. Dazu kommt noch, dass in diesen Produkten beim Verderb besonders gefährliche Gifte entstehen, die den Genuss von verdorbener Ware lebensgefährlich machen können.

Anfangszustand

Bei Fleisch und Fisch muss man rohe Ware und verarbeitete Ware unterscheiden. Klassische Verarbeitungen wie Herstellung von Würsten, wie Trocknen und Räuchern sind entwickelt worden, um Fleisch länger lagern zu können.

Fleisch in seinem Rohzustand, Rohwurst (z.B. Bratwurst) sowie frischer Fisch sind sehr empfindlich und nur wenige Tage lagerbar. Ansonsten hängt die mögliche Lagerdauer von den Lagerbedingungen, besonders von der Temperatur, ab und von der Art und Qualität der Verarbeitung.

Fein zerteiltes rohes Fleisch (Hackfleisch, Wurstbrät und ähnliches) ist besonders anfällig für Mikroben. Solche Ware hat daher kein Mindesthaltbarkeitsdatum, sondern ein Verfallsdatum.

Sorgfältig geräucherte und getrocknete Ware (Rohschinken, Tiroler Speck, Salami, Dauerwürste) sind besonders haltbar und können ohne Kühlung gelagert werden.

Lagerbedingungen

Bei rohem Fleisch und bei „weichen" Wurstwaren (z.B. Schinkenwurst, Weißwürste, Bratwürste, Leberwurst usw.) ist es besonders wichtig, sie sorgfältig gekühlt zu lagern und sie nie länger außerhalb des Kühlschranks liegen zu lassen. Am besten ist es, nur die Menge zu entnehmen, die sofort verarbeitet bzw. gegessen wird.

Brühwürste und gekochtes bzw. gebratenes Fleisch sollen auf jeden Fall im Kühlschrank aufbewahrt werden, und zwar in einer geschlossenen, gasdichten Verpackung, um Austrocknen und die Aufnahme von unpassenden Gerüchen zu verhindern.

Bei Geräuchertem ist die Lagerfähigkeit sehr stak von der Qualität abhängig. Hier muss man zwischen kalt geräucherter und heiß geräucherter Ware unterscheiden. Heiß räuchern dauert einige Stunden. Es wird vor allem für Würste (z.B. Wiener/Frankfurter) angewendet. Kalträuchern dauert mehrere Wochen. Beim Kalträuchern verliert das Lebensmittel in der langen Zeit beträchtliche Mengen Wasser und das Produkt wird hart. Daher sind Schinken und Speck, nach alter Weise ordentlich kaltgeräuchert auch sehr haltbar. Solche Ware wird am besten an Schnüren aufgehängt, damit die Luft an allen Seiten vorbei streichen und die Ware weiter trocknen kann. Auf diese Weise wird sie nicht schimmeln. Natürlich soll der Raum kühl und dunkel sein. Dies gilt auch für geräucherte oder getrocknete Dauerwürste (z.B Salami, Dürre, Bergsteiger). Neuerdings werden solche Produkte entweder als Ganzes oder in Scheiben geschnitten in Folie eingeschweißt angeboten. So trocknet die Ware nicht aus und bleibt feucht, ist aber nicht so lange haltbar.

Lagerdauer und Qualität

Die mögliche Lagerdauer ist sehr unterschiedlich. Frischfleisch hält sich gekühlt, also bei 4 bis 7°C (Kühlschrank) einige Tage, verliert aber zunehmend Saft. Tiefgefroren ist es mindestens sechs Monate ohne Qualitätseinbuße verwendbar, genießbar ist Tiefkühlfleisch mit gewissen Geschmackseinbußen auch noch nach zwei Jahren, vorausgesetzt es ist immer sorgfältig unter -18°C gekühlt gewesen und nie angetaut. Bei Raumtemperatur oder im Kühlschrank gelagertes Frischfleisch wird beim Verderb an der Oberfläche schleimig und glitschig und verfärbt sich dunkel ins Grünliche. Solches Fleisch schmeckt furchtbar und ist gesundheitsgefährlich (Gammelfleisch)

Fleisch und Fleischprodukte in Dosen sind steril und auch einige Jahre über das angegebene Mindesthaltbarkeitsdatum hinaus genießbar. Wegen der hohen Erhitzung hat Dosenfleisch aber schon von vornherein einen etwas anderen Geschmack als frisch zubereitete Speisen. Diese Abweichung wird bei Überlagerung noch stärker.

Öl und Fett

Anfangszustand

Öle und Fette werden in Kunststoffflaschen, Glasflaschen, Blechdosen oder Kunststoffbechern oder in folienbeschichtetem Papier geliefert.

Lagerbedingungen

Bei Fetten und fetthaltigen Lebensmitteln ist es besonders wichtig, sie lichtgeschützt und unter Luftabschluss aufzubewahren. Wenn ein Öl einfriert, ist das kein Problem. Es kann zum Beispiel vorkommen, dass Olivenöl im Kühlschrank teilweise einfriert, was sich durch weiße Flocken am Grund der Flasche zeigt. Das ist keinerlei Qualitätsminderung. Wenn ein Fett schmilzt, ist das auch kein Problem. Zum Problem wird das nur, wenn das Fett ausläuft und so Mikroben einen Weg in die Packung geöffnet bekommen.

Empfindlicher als Öl, Butterschmalz, Schweineschmalz oder Gänseschmalz sind Butter und Margarine, da sie beträchtliche Mengen Wasser enthalten, was bei den anderen Fetten und Ölen nicht der Fall ist.

Lagerdauer und Qualität

Als Faustregel kann man sagen, dass Fette und Öle umso haltbarer sind, je weniger Wasser sie enthalten. Margarine und Butter, die bis 20 Prozent Wasser enthalten, können schimmeln. Reine Öle sind diesbezüglich sicher. In Pflanzenölen ist immer Tocopherol enthalten (Vitamin E, E 306), das als Antioxidationsmittel ein wertvoller Bestandteil des Öls ist. Es wird leicht durch Luftsauerstoff abgebaut, besonders unter Lichteinfluss oder bei erhöhter Temperatur. Reine Pflanzenöle sind in kühlen Räumen original verpackt und in der Dunkelheit gelagert problemlos ein Jahr über das Mindesthaltbarkeitsdatum hinaus verwendbar. Butter und Margarine können tiefgefroren werden und halten sich so bis zu einem Jahr ohne Qualitätseinbuße. Darüber hinaus leidet der Geschmack, was solche Fette aber immer noch zum Kochen und Backen geeignet sein lässt. Mehr oder weniger synthetische Fette wie gehärtetes Palmöl oder Kokosfett und ähnliches sind in der Lagerung recht unempfindlich und bleiben bei kühler Aufbewahrung mehrere Jahre verwendbar. Sie haben aber von vorne herein keinen hohen Wert als Lebensmittel.

Milchprodukte

Hier sind mehrere Klassen zu unterscheiden: pasteurisierte Frischmilchprodukte (Frischmilch, süße Sahne, Süßrahmbutter), ultrahocherhitzte Frischmilchprodukte (vor allem H-Milch, aber auch H-Sahne), fermentierte Milchprodukte (Joghurt, Sauermilch, Buttermilch, Quark, Frischkäse, Kefir, Sauerrahmbutter usw.), pasteurisierte fermentierte Milchprodukte (also pasteurisiertes Joghurt, Frischkäse usw.) und Käse, der noch weitergehend fermentiert wurde.

Nicht pasteurisierte Frischmilchprodukte sind für den Handel mit wenigen Ausnahmen verboten und daher nicht erhältlich

Anfangszustand

Fischmilchprodukte riechen nicht säuerlich oder käsig. Sie sind glatt und enthalten keine Flocken. Durch die sorgfältige Erzeugung enthalten sogar unbehandelte Frischmilchprodukte kaum Mikroben. Durch Pasteurisieren (Erhitzen für wenige Sekunden auf 75-85°C) werden die meisten Verderbsbakterien abgetötet.

Fermentierte Milchprodukte wurden aus meist pasteurisierter Milch mit Hilfe von Mikroben (meist Bakterien, teilweise auch Hefepilze und Schimmelpilze) hergestellt. Da diese Mikroben, die die Milch verändert haben, noch lebend im Produkt vorhanden sind, verändern sie das Produkt weiter. Geschmack und Konsistenz von Joghurt, Sauerrahm, Buttermilch, Quark usw. hängt daher sehr stark vom Alter und den Lagerbedingungen ab.

Käse wird als ganzes Stück, als Scheiben oder gemahlen angeboten. Er kann unverpackt an der Theke gekauft werden oder vorportioniert in Kunststoffverpackung.

Lagerbedingungen

Frischmilchprodukte sind auf jeden Fall kühl zu lagern und es ist besonders peinlich genau darauf zu achten, keine Mikroben einzuschleppen. Bei angebrochenen Milchpackungen ist darauf zu achten, sie nicht längere Zeit außerhalb des Kühlschranks stehen zu lassen, sondern nur die Menge zu entnehmen, die unmittelbar verbraucht wird und den Rest sofort wieder in den Kühlschrank zu stellen. Es ist auch zu vermeiden, mit Gegenständen in die Packung hincinzufahren oder direkt daraus zu trinken, da so unweigerlich Mikroben eingebracht werden.

Milch oder Sahne einzufrieren ist nicht ratsam, da sie sich dadurch etwas entmischen. Butter kann tiefgefroren werden und ist so problemlos mindestens sechs Monate haltbar.

Lagerdauer und Qualität

Auch unter besten Bedingungen (Kühlschranktemperatur unter 7°C, peinliche Sauberkeit) sind Frischmilch oder Schlagsahne nur wenig, je nach Witterung (heiß oder kalt) ein bis zwei Tage über das Mindesthaltbarkeitsdatum hinaus qualitativ einwandfrei. Verdorbene pasteurisierte Milch wird flockig und bekommt einen bitteren Bei-geschmack. Giftig wird sie nicht. Eine Geschmacksprobe gibt Auf-schluss, ob die Milch noch genießbar ist oder nicht. Für Schlagsahne gilt dasselbe.

Butter wird nach zu langer, vor allem warmer Lagerung, besonders als angebrochene Packung, ranzig werden. Dies ist eine Qualitätseinbuße, aber keine Gefahr. Ob dies geschieht hängt sehr stark von den Lager-bedingungen ab. Alte Butter, die als Brotaufstrich nicht mehr besonders gut schmeckt kann aber immer noch zum Kochen und Backen benutzt werden. Das hat allerdings auch Grenzen und eine Geschmacksprobe verrät, ob solche Butter noch akzeptabel ist oder nicht.

Ultrahoch erhitze Frischmilchprodukte sind auch bei Raumtemperatur in einer nicht angebrochenen Packung sehr lange haltbar. Durch längeres Erhitzen auf mindestens 135°C sind Mikroben und ihre Sporen zuverlässig abgetötet. Die hohe Temperatur, der die Milch oder Sahne ausgesetzt war, hat allerdings ihren Preis: Sie führt zu einer drastischen Geschmacksveränderung.

Konservendosen

Für Konservendosen gelten ähnliche Bedingen, unabhängig davon, was darin enthalten ist. Konservendosen werden sterilisiert. Das heißt, sie werden in einem Druckgefäß in Wasser so lange erhitzt, bis der Inhalt durch und durch mindestens 135°C erreicht hat. Damit sind alle Verderbsmikroben und ihre Sporen zuverlässig abgetötet. Es können an den Inhalt weder Luft noch Licht heran. Aus diesem Grund sind Konservendosen sehr lange haltbar. Auch fünf Jahre nach dem aufgedruckten Mindesthaltbarkeitsdatum sind sie noch genießbar. Handelt es sich um komplexere Zubereitungen, z.B. mit Teigwaren, so werden diese unansehnlich aufgeweicht und der Geschmack leidet im Laufe der Zeit, aber Gesundheitsschäden sind nicht zu befürchten.

Bei der Lagerung ist nur zu beachten, dass die Dosen trocken gelagert werden, damit sie nicht rosten. Sie sollen auch nicht eingedrückt werden (z.B. Beim Herabfallen auf den Boden), da sie, auch wenn sei nicht platzen, innen in der Beschichtung Risse bekommen können. So kommt der Inhalt mit dem Eisen der Dose in Kontakt, was zu Verderb führt.

Sollten Dosen aufgebläht (bombiert) sein, so dürfen sie keinesfalls mehr verwendet werden. In einem solchen Fall sind Fehler bei der Produktion unterlaufen und Mikroben sind tätig geworden. Lebensmittelverderber, die unter Luftabschluss gedeihen, sind besonders gefährlich, da sie meist extrem starke Gifte produzieren.

Vor der Verwendung sollten Konservendosen sorgfältig abgewischt werden. Bei unsachgemäßer Lagerung kann Ungeziefer gefährliche Mikroben auf die Dosen übertragen haben, die, wenn sie genossen werden, zu Krankheiten führen können.

Lagerung von Resten

Viele Speisereste können ohne wesentliche Qualitätseinbuße noch für den nächsten oder sogar übernächsten Tag aufbewahrt werden. Vor allem ist darauf zu achten, dass die Speisen nicht austrocknen können, sie sind also in einem verschlossenen Behälter aufzubewahren. Eine

Schüssel mit Deckel oder eine Tupperdose sind meist ausreichend. Eine Aufbewahrung im Kühlschrank erhöht die Lebensdauer.

Es gibt sehr empfindliche Speisen, die in wenigen Stunden verderben würden. Solche können haltbarer gemacht werden, indem man sie im geschlossenen Topf durcherhitzt und den Topf ohne den Deckel zu öffnen aufbewahrt. Das gilt beispielsweise für Fleischbrühe oder andere Suppen.

Eine gute Möglichkeit, Reste zu lagern ist es, sie tiefzukühlen. Wenn man übriggebliebenes Fleisch mit Beilage hat, Eintöpfe oder Suppen, so kann man die als für eine Person passende Portionen in Kunststoffbehältern (z.B. Frischkäsedosen, Margarinedosen, Speiseeisbehälter) einfrieren. Im allgemeinen bleibt die Qualität solcher Speisen mindestens drei Monate erhalten und auch nach sechs Monaten sind sie noch genießbar. Voraussetzung dafür ist allerdings, dass die Speisen gleich nach der Mahlzeit eingefroren werden, solange sie noch frisch und von Mikroben praktisch unbelastet sind.

Verdorbenes erkennen

Ob ein Lebensmittel oder eine Speise als verdorben zu gelten hat oder nicht, ist ein sehr dehnbarer Begriff. Nur dort, wo der Eingriff von Mikroben oder das Eindringen von Schadstoffen ein Nahrungsmittel gesundheitsgefährlich gemacht hat, da hört jede Diskussion auf.

Erstens kann man über Geschmack nicht streiten. Ein stinkender, reifer Romadur oder Limburger ist für den einen ein Hochgenuss und für den anderen verdorbene Milch. Bei Nahrungsmangel kann man es sich weniger erlauben wählerisch zu sein und wird leicht Verdorbenes immer noch zu verwerten trachten, während im Überfluss schon eine geringe Abweichung vom gewohnten Geschmack ein Lebensmittel ungenießbar erscheinen lässt.

Damit man die Zeichen des Verderbs sicher erkennt, und nicht ein Lebensmittel oder eine Speise auf Verdacht wegwirft, hier einige Tipps.

Aussehen und Geruch geben einen sicheren Hinweis, wenn eine Speise schlimm verdorben ist. Sollte dies kein sicheres Urteil erlauben, dann ist das Lebensmittel schlimmstenfalls leicht verdorben. In dem Fall kann die Speise gekostet werden, damit der Geschmackstest ein sicheres Urteil erlaubt, ob die Speise noch genießbar ist oder nicht.

Flüssiges

Unter Flüssigem fasse ich Suppen, Soßen, Salatdressings, Fertigsalate, Kompotte und Marmeladen zusammen. Wenn so etwas zu schäumen beginnt, wenn man das Glas oder die Flasche öffnet, dann hat alkoholische Gärung eingesetzt. Das ist auch am intensiven Alkoholgeruch zu erkennen. Verbunden ist das normalerweise mit einer Trübung durch die entstandene Hefe., die auch als weißer Belag obenauf schwimmen kann (das hängt von der Art der Hefe ab, die da gewachsen ist) Ein manchmal bunt schillernde Haut auf der Oberfläche zeigt die Tätigkeit von Bakterien an, die zum Wachstum Sauerstoff brauchen. Schimmelrasen sind auf jeden Fall auf der

Oberfläche de Flüssigkeit zu finden. Sie sind kenntlich an mehr oder weniger kreisrunden Flecken, die weiß, grau, schwarz, grünlich, orange, braun oder rosa sein können. Ein sehr sicheres Zeichen für Verderb sind Gasblasen, die aus der Flüssigkeit aufgestiegen sind und sich unter einer Haut auf der Oberflächen sammeln. Der Geruch so verdorbener Lebensmittel ist meist unangenehm sauer oder, im Fall von Schimmel eventuell moderig.

Fleisch und Wurst

Ein Verderb von Fleischwaren ist besonders kritisch, da dabei gefährliche Giftstoffe entstehen können. Das deutlichste Zeichen für Verderb ist ein übler Geruch und eine Verfärbung ins Grau bis grünlich-graue von rohem Fleisch. Bei geringerem Verderbsgrad bildet sich auf der Oberfläche ein schmieriger Belag von Bakterien. Dann ist der Geruch nur sauer.

Bei Geräuchertem ist es schwierig, zwischen Schimmelbefall und durch Trocknen auskristallisiertem Salz zu unterschieden. Eine kleine Geschmacksprobe gibt Aufschluss.

Brot und Backwaren

Backwaren mit feuchtem Belag können vergären, erkenntlich am sauren oder alkoholischen Geruch oder schimmeln. Besonders anfällig ist immer der feuchte Belag. Brot und trockene Backwaren können nur verschimmeln, wenn die Atmosphäre zu feucht ist oder wenn sie dicht verpackt werden, aber nicht keimfrei sind. Verschimmelte Backwaren dürfen nicht gegessen und auch nicht verkocht werden.

Sind Brot oder Backwaren nur vertrocknet und daher hart und rissig, so besteht kein Gesundheitsrisiko beim Verzehr. Es ist allerdings darauf zu achten, dass das getrocknete Brot nicht irgendwo, nun ebenfalls eingetrockneten, Schimmelbewuchs aufweist. Auch getrockneter Schimmel kann giftig sein. Ein muffiger Geruch ist ein Hinweis auf Schimmelbefall.

Milchprodukte

Bei Milchprodukten ist die Grenze zwischen „gereift" und „verdorben" besonders fließend und sehr stark vom persönlichen Geschmack abhängig. Frischmilch ebenso wie H-Milch wird, wenn sie verdirbt, säuerlich und bitter sowie flockig. Gefährlich ist sie nicht, aber nicht mehr genießbar. (Unbehandelte Rohmilch wird von Natur aus sauer, was man bei pasteurisierter Milch erst durch die Zugab von entsprechenden Bakterienreinkulturen erreicht). Verdorbener Süßrahm riecht und schmeckt unangenehm käsig, ist aber nicht gefährlich.

Quark und Frischkäse können unter Umständen schimmeln. Das passiert besonders mit Zubereitungen, die Kräuter und andere Zutaten enthalten.

Überalterter Joghurt oder Quark ist normalerweise nicht verdorben, aber auch nicht unbedingt jedermanns Geschmack,. Durch eine Fortsetzung des an sich erwünschten Fermentationsprozesses ist der Gehalt an Säure gestiegen. Das Absetzen von etwas klarer, gelblicher Flüssigkeit oben und am Rand ist nicht bedenklich. Ein solches Produkt ist vielleicht saurer als erwünscht. Als Verderb können diese Produkte bitter werden. Das ist am Aussehen nicht zu erkennen, eine Geschmacksprobe ist ungefährlich.

Schnittkäse und weicherer Hartkäse können eventuell schimmeln, was zu sehen ist. Weichkäse wird vor dem Schimmeln durch den darauf wachsenden, ungefährlichen Edelschimmel (z.B. Camembert) oder eine harmlose Bakterienschmiere (z.B. Limburger) geschützt. Daher kommt es praktisch nie vor, dass Weichkäse schimmelt.

Käse, vor allem Weichkäse und Schnittkäse, kann aber auch im Kühlschrank weiter reifen. Ob stark schmeckender und stark riechender reifer Käse als Delikatesse oder als Zumutung für die Sinne aufgefasst wird, ist individuell verscheiden. Als Nachteil können Käse im Laufe einer zu langen Reifung bitter werden. Das ist nicht sichtbar, eine Geschmacksprobe ist ungefährlich.

Reste von festen Speisen

Für irgend welche Reste von Aufläufen, Nudelgerichten, Kartoffeln usw. gilt, dass sie am besten gut verschlossen im Kühlschrank aufbewahrt werden. Sie können schimmeln, was man sieht. Sie können sauer vergären, was man riecht.

Notfallplan: Verwertung von Verdorbenem

Wenn in einem krassen Notfall überhaupt keine Lebensmittel zur Verfügung stehen als nur Verdorbenes, so muss man schauen, auch dies noch zu nutzen. Besonders in eines solchen Situation darf durch den Verderb Vergiftetes nicht gegessen werden. Der Genuss solcher Lebensmittel würde der ohnehin schon dramatischen Situation, die alle geistigen und körperlichen Kräfte verlangt, noch eine schwächende Erkrankung hinzufügen.

Viele Lebensmittel aber erleiden durch den Verderb nur eine dramatische Qualitätseinbuße ohne dadurch schädlich zu sein. Wenn es gelingt, den schlechten Geschmack loszuwerden, so können so verdorbene Lebensmittel noch oft als Notnahrung verwendet werden.

Vertrocknetes ist normalerweise auch durch Reaktion mit Luftsauerstoff geschmacklich verändert und oftmals so hart, dass es nicht genossen werden kann. Vertrocknetes Fleisch, Brot, Gemüse, Wurst, können aber durch mehrstündiges Einweichen und Verkochen zu eines Suppe zusammen mit dem Einweichwasser noch genutzt werden.

Durch Bakterienbefall äußerlich glitisch und schleimig gewordenes Fleisch oder Wurst können unter Bürsten abgewaschen und danach scharf gebraten werden. Dann schmecken sie noch einigermaßen und sind ungefährlich. Das geht aber nur, solange die Ware nur ein bisschen säuerlich riecht. Wenn sie richtig übel stinkt, dann ist sie unverwendbar geworden.

Jedenfalls ist bei der Verwertung von Vertrocknetem oder leicht Verdorbenen nach Möglichkeit stark zu würzen, um den unangenehmen Eigengeschmack zu überdecken.

Ranziges Fett kann verwendet werden, wenn es für sich alleine einige Zeit erhitzt wird ohne es allerdings zu Überhitzen. Es soll nicht rauchen, da es dabei noch weiter verdirbt. Solches Fett zu erhitzen wird zwar Gestank verbreiten, aber was dabei entweicht kann schon nicht mehr den Geschmack der damit zubereiteten Speise verderben.

Lebensmittel, die angeschimmelt sind, sollen üblicherweise überhaupt nicht mehr genossen werden, und zwar aus zwei Gründen. Erstens ist es unklar, ob der Schimmelpilz Gift produziert hat und zweitens befindet sich der überwiegende Teil des Schimmelpilzes innerhalb des Lebensmittels und ist nicht sichtbar. Es ist daher unklar, wieviel von dem Lebensmittel der Schimmel durchwachsen hat. Großzügiges Ausschneiden der befallenen Teile ist im Notfall zwar eine Lösung, aber dennoch riskant, da im verbleibenden Teil immer noch Schimmelgifte vorhanden sein können, die man nicht unbedingt schmecken muss.

Verbrauchssteuerung durch Speiseplan

Vorab einen Speiseplan für eine ganze Woche, vielleicht sogar für zwei Wochen, zu erstellen und dementsprechend Einzukaufen spart Zeit, vermindert Stress und ermöglicht sparsameres Wirtschaften.

Ein Möglichkeit besteht darin, die Prospekte der örtlichen Supermärkte und Discounter, die wöchentlich ins Haus flattern, durchzustudieren und anhand dieses Studiums den Speiseplan der Woche zu erstellen. Mittlerweile haben sogar kleine regionale Anbieter eine Website auf der die momentanen Angebote zu finden sind. Auch dies ist hilfreich zur Erstellung eines kostengünstigen Speiseplans, der überdies durch starken Einsatz von frischer Ware aus der Region besonders bekömmlich sein kann.

Resteverwertung

In unserer jetzigen Übeflussgesellschaft wird es als langweilig empfunden, dreimal hintereinander die selbe Speise zu essen. Aus diesem Grund sollen Reste umgearbeitet werden, um neuen Genuss zu bieten. Das ist übrigens ein Brauch aus Tagen, als Lebensmittel keineswegs in solchem Überfluss zur Verfügung standen. Ist doch der Semmelknödel eine Verwertung von altem Weißbrot oder die Sauce bolognaise eine Verwertung von Fleisch- und Gemüseresten.

Das Folgende sind keine ausgearbeiteten Rezepte, sondern nur Anregungen, die mit eigener Kreativität konkretisiert und variiert werden müssen. Der Phantasie sind fast keine Grenzen gesetzt und es lässt sich aus allem und jedem noch etwa Gutes Zaubern.

Suppen

Besonders einfach lassen sich Speisereste in Form von Püreesuppen verwerten: Die Reste werden durch den Mixer gelassen, bis sie fein püriert sind. Bereits im Mixer können passende Gewürze und ergänzende Zutaten hinzugefügt werden. Wenn die Suppe noch hübsch garniert wird, etwa mit gerösteten Semmelwürfel oder Backerbsen, so wird gar nicht bewusst, dass es sich um eine Resteverwertung handelt.

Eintöpfe

Viele Reste lassen sich sehr gut in schmackhafte Eintöpfe verwandeln. Mit ein bisschen Gefühl für die richtige Zusammenstellung entsteht aus Fleischresten, Gemüseresten, Kartoffeln, Nudeln usw. unter Verwendung von Gewürzen, Kräutern, Tomatenmark, Käse usw. eine nahrhafte Mahlzeit.

Anderes

Reste von Fleisch können sehr gut mit Zwiebeln geröstet unter Nudeln oder Bratkartoffeln gemischt werden. Mit einem Salat ist so etwas eine gute Mahlzeit. Es kann sich dabei um Braten, Steaks, Schnitzel, Hühnerschenkel handeln, um Geschmortes oder Gegrilltes.

Fleisch kann auch zu Haschee verarbeitet werden, eine klassische österreichische Resteverwertung: Das gekochte oder gebratene Fleisch wird durch den Fleischwolf gedreht, mit gerösteten Zwiebeln und etwas Suppenbrühe angereichert, nach Belieben mit Kräutern gewürzt und zu diesem Fleischbrei Salzkartoffeln gereicht.

Übriggebliebene Knödel verschiedener Art wie Semmelknödel, Tiroler Knödel, Kartoffelknödel schmecken in Scheiben geschnitten und in Butterschmalz geröstet ganz besonders fein.

Reste von Kuchen können, wenn sie für den normalen Genießer zu trocken geworden sind, eingeweicht und zu einer Art Tiramisu verwendet werden.

Mehrfachverwendung zu großer Mengen

Oftmals kann man Obst oder Gemüse nur in größeren Mengen günstiger erhalten. Vielfach ist auch verpacktes Fleisch und viele anderen Produkte für einen kleinen Haushalt für eine Mahlzeit zu viel und die kleineren Packungen, die in der Menge genau passen würden, sind vielfach teurer als die größeren Packungen.

In solchen Fällen kann die größere Packung gekauft werden, ohne etwas wegwerfen zu müssen, wenn man den Speiseplan so gestaltet, dass die betreffende Ware in unterschiedlichen Speisen eingesetzt und in wenigen Tagen aufgebraucht wird oder dass eine größere Menge gekocht wird, um die Zutaten komplett zu verbrauchen und der Überschuss der zubereiteten Speise wird tiefgefroren für einen Tag, an dem keine Zeit oder Lust zum Kochen besteht. Obst und Gemüse kann in vielen Fällen auch als solches portionsweise eingefroren oder eingekocht werden.

Saisonware

Wenn beim Einkauf darauf geachtet wird, besonders günstige Saisonware auf Vorrat zu kaufen, kann man sich viel Haushaltsgeld sparen, allerdings nur, wenn man nicht wegen falscher oder zu langer Lagerung einen Teil der Ware wegwerfen muss.

So gibt es meist Zucker im späten Winter billiger. Ebenso sind Kraut, Zwiebeln und Kartoffeln im Winter billiger. Das gilt auch für viele Gemüse. Spargel gibt es nur von April bis Ende Juni. Das Angebot an Blattsalaten ändert sich mit der Jahreszeit. Da ist beim Einkauf darauf zu achten welche Sorte gerade günstig angeboten wird und der Speiseplan darauf auszurichten.

Eigene Konservierung

Um günstig wirtschaften zu können, muss man die Möglichkeit haben, Überschüsse für Zeiten des Mangels zu bewahren. In früherer Zeit war es ganz selbstverständlich, die Ernte und Schlachttiere durch Einlagern, Trocknen, Dörren, Einkochen, Räuchern, Einsalzen für Mangelzeiten im Winter und Frühjahr aufzusparen. Heute verlässt man sich meist voll und ganz auf den Supermarkt, der täglich alles bietet, was das Herz begehrt.

Kostengünstiger wirtschaften kann man aber, wenn man günstige Gelegenheiten nutzt und größere Mengen einkauft, die man auf geeignete Weise haltbar macht für späteren Verzehr.

Tiefkühlen

Wie schon weiter oben immer wieder erwähnt, ist Tiefkühlen eine sehr gute Möglichkeit, günstigen (Groß)einkauf und niedrigen Verbrauch optimal miteinander zu kombinieren. Dabei sind allerdings einige Grundsätze zu beachten.

Zunächst einmal ist nicht jedes Lebensmittel zum Einfrieren geeignet. Das gilt für Kartoffeln, auch gekochte und für rohe Äpfel. Sehr gut einfrieren kann man trockene Backwaren aller Art, gegarte Knödel sowie Fleisch, Wurst und die meisten Gemüse.

In sehr wasserhaltiger Ware bilden sich beim normalen Einfrieren, wie wir es im Haushalt machen können, große Eiskristalle. Es kommt zu einer gewissen Entmischung in Lebensmitteln und Speisen und die groben Kristalle zerstören innere Strukturen. Aus diesem Grund verlieren solche Lebensmittel beim Auftauen ziemlich viel Saft. Das gilt besonders für rohes Fleisch und für saftige Früchte wie Erdbeeren oder Kirschen.

Einkochen

Eine Konservierungsmethode mit Tradition ist das Einkochen. Es ist mit den heutigen technischen Möglichkeiten einfacher als je zuvor und erfordert keine besondere Investition mehr. Als Behälter kann man handelsübliche Gläser mit Schraubdeckel von Marmelade, Essiggurken, Fertigsalaten usw. verwenden. Diese Gläser werden in der Spülmaschine gewaschen, dann sind sie fast keimfrei. Vor der Verwendung werden sie mit heißem Wasser kurz ausgespült und mit dem kochenden Einkochgut bis zum Rand gefüllt und der Schraubdeckel aufgeschraubt. Dann wird das Glas sofort auf den Kopf gestellt und so auskühlen gelassen. Es passiert nur sehr selten dass so gekochte Marmelade oder so bereitetes Kompott oder Soße bolognaise usw. verdirbt. Voraussetzung ist aber, dass der Deckel vorher schonend nur mit der Hand geöffnet wurde. Wurde der Deckel nämlich mit Hilfe eines Messers unter dem Rand geöffnet, dann schließt er nicht mehr dicht. Er darf daher zum Einkochen nicht verwendet werden.

Durch Einkochen können vor allem Saisonwaren, also Obst und Gemüse zur jeweiligen regionalen Reifezeit, günstig gekauft, manchmal sogar kostenlos bekommen und für spätere Verwertung haltbar gemacht werden. So entstehen köstliche Marmeladen, Kompotte, Säfte Salate und Soßen.

Trocknen und Dörren

Um gut Früchte dörren zu können, muss man ein bisschen investieren. Es gibt im Handel ausgereifte Dörrapparate, die natürlich auch einigen Strom brauchen, aber sehr schonend arbeiten. Zusätzlich gibt es Anleitungen für den Bau und die Verwendung von Solartrocknern, die keine zusätzliche Energie kosten, nur die ohnehin scheinende Sonne. Nutzen. Damit lassen sich Äpfel, Birnen, Bananen, Karotten usw. dörren und als Trockenware ohne Kühlung aufbewahren. Werden sie noch eingeschweißt und vakuumiert sind solche selbst erzeugten Konserven mehrere Jahre haltbar.

Küchenkräuter können problemlos getrocknet werden, indem man sie an einem Staub geschützten Ort im Schatten als Bündel aufhängt oder auf Papier auflegt. Wenn die Blätter beim Druck mit den Fingern spröde brechen, dann sind die Kräuter trocken und können in luftdicht verschlossene Gläser, zum Beispiel Marmeladengläser mit Schraubdeckel, abgefüllt werden.

Weitere Informationen zum Thema

Der Autor plant, zum Thema effiziente Nutzung von Lebensmitteln noch weitere praktische Tipps und Kochrezepte zu veröffentlichen. Folgende Bände der Reihe „Köstliches aus Resten" sind vorgesehen und sollen im Laufe der Jahre 2012 bis 2014 erscheinen:

- Fleisch- und Wurstreste schmackhaft zubereitet

- Reis, Nudeln, Kartoffeln, Knödel – neue Speisen aus Resten

- Suppen und Eintöpfe – eine universelle Resteverwertung

- Phantasievolle Verwendung von altbackenem Brot

Die Werke werden wieder bei Books on Demand erscheinen und neben der Listung im Buchhandel und auf den Webseiten der Online-Buchhandlungen auch auf meiner eigenen Webseite (www.schnelle-feder.de) vorgestellt werden.

Zur Thematik effizienter Nutzung von Lebensmitteln gehört auch das Konservieren und Lagern von Obst, Gemüse und Kräutern. Zu den Themen Einkochen, Dörren und Tiefkühlen gibt es jedoch schon reichlich Literatur, weshalb ich kein weiteres Buch zu einem solchen Thema verfassen werde.

Zum Thema Mikroben in Lebensmitteln sind ausschließlich beim Autor noch Restbestände seines Werkes „Von Sauerkraut bis Salmonellen" aus dem Jahr 1995 erhältlich.